A. DALLEMAGNE

L'EMPIRE

ET LA LIBERTÉ

DEVANT LES ÉLECTIONS DE 1869

BOURG

A. GROMIER, LIBRAIRE

—

1869

L'EMPIRE ET LA LIBERTÉ

DEVANT LES ÉLECTIONS DE 1869.

L'EMPIRE ET LA LIBERTÉ

DEVANT LES ÉLECTIONS DE 1869.

——◦◇◦——

Fata viam invenient.

I

Dix-sept ans sont révolus depuis l'avénement de l'Empire. Une génération nouvelle succède à celle qui l'a voté. La période est assez longue pour qu'on puisse se recueillir et juger l'œuvre.

La constitution faite après le 2 décembre 1851 est le cinquième ou sixième essai tenté depuis le commencement du siècle pour donner à la France un corps d'institutions durables. Ses devancières ont échoué, ayant vécu quatorze, quinze ou dix-huit ans; celle de 1848 quatre années seulement; — l'acte additionnel quelques jours.

Nous sommes sans contredit le pays de l'Europe le plus souvent constitué.

Sommes-nous pour cela une nation ingouvernable, comme le prétendent certaines gens qui se disent conservateurs, « dans un état où rien n'est à sa place et où tout doit être changé » (1)? C'est un lieu commun qui a cours

(1) Œuvres de Napoléon III, tome I, p. 406 : *Le parti conservateur.*

depuis longtemps, par mépris de l'étude des choses. Le peuple qui a subi le premier Empire sans révolte est un peuple soumis. Pendant quinze ans, il a donné sans compter son sang, ses trésors, ses droits, sa liberté à un homme qui les lui demandait sans l'aimer, et dont le règne n'a été que le triomphe égoïste de sa personnalité. Il a entretenu trois dynasties de princes qui se succèdent à tour de rôle, les uns partant quand viennent les autres, qu'on ne demandait pas. Il les a tous chéris, à leur heure et à ce qu'ils croyaient, et surtout il les payait bien, bonne précaution pour n'en manquer jamais. Ce n'est donc ni l'amour du changement ni la haine du joug qui lui fait, tous les quinze ou vingt ans, briser les trônes qu'il a élevés et chercher autour d'un autre la satisfaction d'une espérance toujours poursuivie et toujours déçue. Il a acclamé l'Empire comme il a jadis acclamé toute royauté nouvelle, avec la passion enthousiaste d'une nation ardente et l'espoir viril d'un avenir meilleur. En cela il est resté le peuple du pavois !

Chaque dynastie a voulu voir à tort dans la joie du premier jour de fiançailles un gage de durée fondé sur la tendresse populaire. Chaque souverain s'est dit adoré pour avoir le prétexte de se décerner un culte : il s'est dit entouré d'amour, pour se dispenser de le mériter. C'est la suprême et naturelle insolence du despote qui ne veut pas seulement être obéi, — mais qui veut encore être aimé! Nous croyons peu à cette tendresse. Ce qu'il y a eu à chaque avénement, ce que la France a' éprouvé à chaque changement de règne, c'est un besoin pressant, impérieux d'institutions qui lui ont toujours manqué depuis 89. Comme le remarque avec justesse M. Jules Simon, dans son livre de *la Liberté*, l'ancien régime avait des institu-

tions (bonnes ou mauvaises, cela n'est pas à discuter ici);
ces institutions détruites n'ont été remplacées par rien;
chaque citoyen est resté seul, isolé, sans appui, sans
intermédiaire, en face de l'omnipotence de l'Etat......
« Il y avait sous l'ancien régime, dit-il, des parlements,
» des cours souveraines, des états provinciaux, toujours
» prêts à protester contre la violation des règles, et un
» esprit public, formé des différents esprits de corps, qui
» créait parfois un obstacle invincible à la tyrannie. Il
» n'était pas besoin de publicité pour que tout ce qui
» tenait à la robe fût averti instantanément de l'injure de
» Broussel. Aujourd'hui, dans notre isolement, dès que
» la presse se tait, tout est inconnu, tout est impuissant,
» etc.... »

Ce que la France a toujours voulu, ce qu'elle veut
encore, c'est donc de retrouver son assiette après le dé-
placement qu'elle a subi. Qu'on étudie attentivement
l'histoire de toutes nos révolutions, on y trouvera toujours
cette tentative incessante pour arriver à des institutions
définitives. Il y aurait un beau travail à faire sur les causes
qui ont fait échouer ses efforts : tantôt c'est un homme de
génie qui ne veut l'autorité que pour satisfaire son insa-
tiable orgueil; tantôt c'est la préoccupation exclusive d'un
principe dynastique qui songe à sa durée ou à son établissement avant de songer au pays ; tantôt enfin c'est la lutte
des divers partis, qui, d'une assemblée dont la mission était
d'organiser la France, font une immense arène où chacun
se dispute le pouvoir. La France a tout essayé, tout tenté,
avec cette patience robuste d'une nation forte. Elle a re-
commencé sans lassitude les mêmes luttes, oubliant sans
rancune les fautes des princes qui l'ont perdue. On la disait
en 1814 « affamée de voir un roi »; parlons un langage

plus simple et plus vrai : elle n'est en somme « affamée » que des moyens de vivre.

Il y a donc eu dans les huit millions de suffrages donnés à l'Empire autre chose qu'une peureuse réaction contre l'échéance de 1852 dont on lui faisait à dessein un fantôme. La France eût passé la crise comme elle en a passé tant d'autres. Il y a eu autre chose même que l'enthousiasme populaire pour un homme et un grand nom. L'homme après tout n'était connu que par deux expéditions qui plus tard ont pu servir de modèle à Garibaldi, mais qui jusqu'alors ne lui avaient mérité qu'une assez mince considération. Quant au nom, s'il rappelait une gloire militaire immense, il réveillait aussi le souvenir d'immenses malheurs et d'un despotisme plus grand encore. — Il y a eu, il faut le dire et le répéter toujours, comme le mot de l'énigme de toutes nos révolutions, — il y a eu une nouvelle et énergique tentative faite par la France, pour trouver enfin la suprême satisfaction de son besoin de paix et d'institutions définitives. Après tant d'essais infructueux, lasse d'échouer toujours, elle cherchait de nouveau le génie qui lui aidât à se rasseoir. Elle demandait autre chose que les constitutions qu'elle avait eues jusqu'alors, édictées dans l'intérêt égoïste d'un principe dynastique. Elle s'est jetée toujours obéissante, toujours patiente, dans les bras de celui qui lui disait dans sa proclamation du 2 décembre 1851 : « Ma mission consiste surtout à créer » des institutions qui survivent aux hommes et qui soient » enfin des fondations sur lesquelles on puisse asseoir » quelque chose de durable ! » (1) — Elle a cru sincèrement à la promesse.

Voyons comment on l'a tenue.

(1) Œuvres de Napoléon III, tome III, page 273.

II

Nul gouvernement n'a débuté avec des moyens plus puissants, avec une opposition moins à craindre, avec des éléments plus faciles que le second Empire. Ceci, croyons-nous, n'a pas besoin de preuves. Qu'on se rappelle les conspirations du Consulat, — les complots militaires de la Restauration, — les émeutes et les attentats qui ont si souvent ensanglanté les premières années de la monarchie de juillet; — et que l'on compare ces temps avec la paix profonde et la prospérité matérielle des commencements du règne actuel. Les dix premières années ont passé sans qu'un souffle d'opposition ait agité le pays. Cette France, qu'on déclare ingouvernable, attendait patiemment la réalisation de ses espérances. Aucune insurrection n'est venue troubler les rues du nouveau Paris remis à neuf. Nulle conspiration tramée à l'intérieur n'a pu motiver les sévérités du pouvoir, quelle que fût son ombrageuse défiance. Les seuls attentats commis ont été l'œuvre d'un pays étranger, que par reconnaissance sans doute notre épée devait affranchir. De temps en temps, il est vrai, une voix officielle motivait la confiscation de nos libertés, par le fantôme évoqué « des anciens partis »; — inutile défi que nous ne pouvons comprendre et qui attestait encore plus de rancune que de crainte.

Ces « anciens partis », en 1852, n'étaient pas à redouter. Ils n'étaient plus tentés, comme aux jours de leur jeunesse, de poser pour les *chevaliers déshérités* de la politique, ni de jouer le rôle de paladins à la triste figure ou d'Ivanhoés en quête d'un tournoi. Ils étaient composés en grande partie d'hommes mûrs, las de combattre pour des principes qui leur avaient valu jusqu'alors plus de blessures que de victoires, aspirant avant tout à la paix, ce besoin naturel des dernières années de la vie; — tous enfin arrivés à cet âge de vieillard qui faisait dire à Gœthe : « Le temps m'a rendu spectateur! » — Tous d'ailleurs avaient plus ou moins donné des gages à l'Empire; tous s'étaient fait plus ou moins ses complices au 2 décembre : les uns par dégoût de la lutte et besoin de jouir paisiblement de l'élégante oisiveté que donne une fortune acquise; — les autres en haine de la république qui était venue insolemment troubler leurs habitudes monarchiques et qui exigeait d'eux sinon la rétractation de leur passé, du moins l'abdication de leurs ambitions. Ils avaient encore dans leurs rangs de grandes individualités, de beaux talents qui les honoraient de leur éclat; ils les admiraient et les aimaient comme des souvenirs de leur jeunesse, mais sans les suivre à de nouveaux combats; — en somme, ils ne comptaient plus comme partis organisés, comme armée qui peut encore lutter en opérant sa retraite.

Nul gouvernement n'était donc mieux placé pour convier les débris de ces divers partis à une fusion possible, et toutes les intelligences à cette grande œuvre de la réorganisation de la France sur des bases nouvelles, en rompant une bonne fois avec une routine condamnée et des idées administratives dont l'expérience avait démontré depuis longtemps l'impuissance malfaisante. Il pouvait non-seulement régulariser l'ensemble des libertés reconquises, mais nous donner celles qui nous manquaient encore.

Au lieu de profiter de cette admirable situation que lui

faisait d'un seul jour le désarmement des partis, il trouva plus commode de tout reprendre et de faire le silence autour du trône. Il crut suffisant de donner aux conservateurs la paix de la rue, qu'ils appellent l'ordre! (hélas! ils ne lui demandaient guère que cela!) — Pour les esprits qui pensaient encore, il crut suffisant d'inscrire sur le fronton de l'édifice nouveau ce mot vague *des principes de* 89, comme une enseigne qui promet tout et qui n'engage à rien. Durant dix années, la France, oublieuse de ses destinées, comme un pupille qui s'en remet à son tuteur, la France n'entendit d'autre voix que celle de son souverain qui se chargeait de son avenir. La confiance faisait renaître la prospérité matérielle ; pour tout le reste elle s'abandonnait à l'homme qui lui avait dit en style biblique : « Il est temps que les bons se rassurent et que les méchants tremblent ! » — La presse, on peut le dire, n'existait plus. Dès le coup d'Etat, une partie avait été supprimée par décret, comme on révoque un agent. L'autre moitié, asservie ou bâillonnée, n'avait plus que deux partis à prendre, — applaudir comme un claqueur soldé, — ou se taire comme un interné en surveillance de haute police.

Sans le contrôle de la publicité, tout devenait facilement possible. Alors, dans le silence universel, et au spectacle de l'œuvre accomplie, les rares esprits qui réfléchissaient encore se prirent à songer aux promesses faites, à tout ce qu'on pouvait attendre, à ce que l'Empire réalisait. Ils se demandèrent comment on répondait aux espérances du pays et sur quelles bases se construisait l'édifice ?

Ici nous arrivons à toutes les questions qui passionnent à cette heure l'opinion réveillée, nous voulons parler de ces libertés qu'un grand orateur appelait « les libertés nécessaires » : liberté individuelle, — liberté d'association, — liberté religieuse, — libertés municipales, — liberté de la presse enfin qui les résume toutes parce que seule elle peut les défendre, ou les conquérir quand on ne les a pas.

Ces libertés proclamées en 89 ont été, sous les divers régimes qui nous ont gouvernés, plus ou moins diminuées ou supprimées. L'Assemblée législative et après elle la Convention, détournant de son but légitime le mouvement de 89, n'ont abouti qu'à une orgie de vengeances, et les ont dès leur naissance noyées dans le sang. — L'Empire les a foulées aux pieds, à l'exemple des hommes de 93, mais en mettant de l'ordre dans son despotisme. Son œuvre s'est bornée à rétablir à son profit le vieux rouage administratif de l'ancien régime ; il ne faisait que changer les noms, et gardait les choses. — La Restauration en a donné quelques-unes ; — le gouvernement de Juillet un peu plus ; — la République de 1848, par une réaction légitime, en a rendu un grand nombre, et entre autres la liberté d'enseignement. Cette liberté avait été enfermée jusqu'alors dans les règlements de l'Université impériale, dont on avait voulu faire une nouvelle Sorbonne, mais dont les statuts despotiques n'avaient fait en somme qu'une Bastille intellectuelle.

Mais ces longues et douloureuses expériences doivent enfin porter leurs fruits ; il est temps d'ouvrir les yeux et d'envisager sérieusement le problème de l'avenir. Nous parlions tout à l'heure des institutions qui nous avaient toujours manqué depuis 89. Eh bien ! disons-le franchement, ce sont ces libertés qui seules peuvent aujourd'hui servir de bases à la reconstruction de l'édifice social. Elles seules peuvent définir et fixer les droits de chacun ; elles seules peuvent donner à tout gouvernement quel qu'il soit ses limites légitimes. Le système ancien fondé sur la distinction des castes est évanoui ; ce n'est donc pas dans le passé qu'il faut chercher la base. Aucun gouvernement jusqu'ici n'a voulu comprendre le changement radical qui s'est opéré, changement qui peut-être n'a pas encore accompli sa dernière évolution. Tous plus ou moins, par crainte de l'avenir ou préoccupation personnelle, n'ont regardé qu'en arrière ; et par une singulière contradiction, tout en condamnant les abus du passé, ils en conservaient les habitudes et l'organisation administrative. On brisait les choses et on en gardait le vieux moule. Il ne suffit pas de remplacer une dynastie par une autre si le système gouvernemental ne change pas ; — car les mêmes fautes d'un côté, la même lassitude d'un autre ramèneront toujours les mêmes révolutions périodiques. Il faut enfin que les citoyens soient remis en possession de leurs droits, et que l'Etat renonce une bonne fois à cette omnipotence qui a perdu l'ancien régime, qui a perdu nos divers gouvernements depuis 89, — qui les perdra tous en un mot, tant que nous n'aurons pas d'autres institutions qu'une idée dynastique.

Nous allons donc étudier brièvement ces cinq libertés primordiales non pas dans leur principe, qui n'est aujourd'hui contesté par personne, mais bien dans leur application. Nous exposerons la législation qui les entrave et le résultat déplorable auquel on est arrivé. Nous verrons enfin ce qu'elles pouvaient être, et ce qu'elles sont devenues.

1°

Commençons par la liberté individuelle : car sans elle aucune autre n'existe ; — elle est la première en date comme en principe.

Nous allons rappeler en peu de mots quelles entraves elle a dû subir. Nous le ferons avec le calme qui convient à une discussion dangereuse ; et si parfois notre jugement devait se ressentir d'une indignation trop légitime, nous nous arrêterions en songeant aux sévérités de la loi. La loi sur la presse est une chaste Suzanne qu'il ne faut point effaroucher....

Les décrets de 1851-1852 et la loi du 28 février 1858 dite de sûreté générale sont les deux plus graves atteintes portés par le second empire à la liberté individuelle.

On n'a pas oublié les proscriptions qui ont suivi le 2 décembre. Les premières victimes ont été d'abord nos généraux, puis les représentants de la France, que la loi déclarait inviolables.

Les uns nous avaient conquis l'Algérie ; depuis cinq ans on les avait vus dans nos assemblées prendre une large part à la discussion des intérêts du pays ; aux tristes jours d'émeutes, ils avaient versé leur sang pour la cause de l'ordre public ; — et leurs victoires avaient rassuré la France sans faire un seul jour redouter leurs ambitions. Ils s'appelaient Cavaignac, Changarnier, Lamoricière, Bedeau, Leflô, Charras. Leurs noms, agités souvent dans les luttes des partis, étaient restés purs : ils étaient alors sans contredit les plus estimés et les plus respectés de nos armées. Au 2 décembre, saisis la nuit et conduits en prison, ils furent peu après chassés vers l'exil.....................................

Les autres étaient les derniers représentants de l'assemblée qui, dans le premier trouble du coup d'Etat, n'avaient songé qu'à leur devoir et restaient fidèles à la constitution jurée. C'étaient ces mêmes représentants qui quatre ans auparavant, le 13 octobre 1848, rouvraient les portes de la patrie à la famille Bonaparte, en abrogeant à *l'unanimité* la loi de bannissement (1). — Ils avaient ce nous semble à attendre une autre reconnaissance que la prison et l'exil ?.................................

Faut-il ajouter à ces proscriptions les déportations sans nombre qui peuplèrent Cayenne et Lambessa « des gens reconnus coupables d'avoir fait partie d'une société secrète? » — Reconnus par qui, dirons-nous ? Par le choix arbitraire du pouvoir? ou par les fameuses *commissions mixtes*? Sait-on ce qu'étaient ces commissions ? « On les
» a parfois comparées aux cours prévôtales de la Restau-
» ration, dit Eugène Ténot ; cette assimilation n'est pas
» exacte, selon nous. Les cours prévôtales furent des
» sortes de conseils de guerre, jugeant sommairement,
» mais enfin *jugeant,* admettant le débat contradictoire et
» la défense en audience publique. Les commissions
» mixtes de 1852 ont décidé sans procédure, sans audi-
» tion de témoins, sans débats contradictoires, sans dé-
» fense des prévenus, sans jugement public, du sort de
» milliers et de milliers de républicains. L'échelle des
» peines prononcées (en secret) par ces commissions était
» graduée depuis la surveillance de la haute police jus-
» qu'à la déportation à Cayenne. » (2)

(1) Voir le *Moniteur* d'octobre 1848.
(2) *Paris en décembre* 1851, page 285, 3ᵉ édition.

Voilà le Tribunal qui a prononcé sur le sort de tant de citoyens.

Dira-t-on que ces violences étaient le produit de la première ivresse du pouvoir ? Dans ce cas elles eussent dû être réparées. Voyons comment.

En 1854 éclate la guerre de Crimée. Il y avait lieu d'espérer que le premier baptême de gloire amènerait le gouvernement à plus de clémence et surtout à plus de justice. Si la clémence a été satisfaite par l'amnistie, la justice fut loin de l'être, car la législation édictée en 1852 resta la même.

Le 14 janvier 1858 arrive l'attentat d'Orsini, — un régicide tenté par un homme étranger et inconnu à la France. Nul complice n'existait ou ne fut révélé à l'intérieur de l'Empire ; une conspiration italienne seule avait tout fait ; — et pourtant la France seule en porta la peine. Et au mois de février suivant fut rendue la loi de sûreté générale dont on connaît la teneur. On n'a pas assez remarqué la sévérité de cette mesure qui frappe la France pour le crime d'un étranger. Nos souvenirs peuvent nous tromper ; mais nous ne croyons pas que rien de pareil se soit encore vu dans notre siècle. L'attentat de Frédéric Stabs, du 13 octobre 1809, n'entraîna que la mort du coupable : le crime était d'un étranger, il ne rejaillit pas sur la France. Les deux tentatives de révolution, à Boulogne et à Strasbourg, ne motivèrent non plus aucune loi d'exception pour le pays, — quoiqu'il y eût pourtant plusieurs complices dans l'armée. Que dire enfin de cette loi de 1858, quand nous voyons dix-huit mois plus tard deux cent mille Français aller combattre pour le pays d'Orsini ? Le temps et la morale commandent l'oubli des injures, dira-t-on : Nous l'approuvons sincèrement. Mais on nous accordera

bien que, le jour de l'entrée de nos troupes sur le territoire italien, puisqu'on oubliait le crime, la loi de sûreté
générale devait finir.

Au lieu de cela on a mieux aimé conserver cette arme
terrible qui d'un moment à l'autre peut nous rendre victimes de l'arbitraire. Et aujourd'hui en 1869, onze ans
après, nous la voyons encore invoquée pour je ne sais quel
délit imaginaire, qu'on ne peut punir qu'avec l'interprétation vague et élastique d'une loi d'exception..........

Voilà les atteintes portées à la liberté individuelle.

2°

Passons à la liberté d'association. — Les sociétés de secours mutuels tendent à se généraliser. Les sociétés coopératives sont plus rares ; les banques de crédit sont presque dans l'enfance. On ne se doute pas en France, où l'on
étudie si peu les institutions étrangères, du bien immense
que ces diverses formes de l'association pourraient réaliser, si elles étaient autrement comprises. Nous vivons dans
la routine, tout remplis de la gloriole jalouse de notre na-
tionalité, nous figurant que l'Europe nous envie beaucoup
de choses, quand en somme elle ne nous emprunte rien.
M. Rouher nous le dit, et nous le croyons parce que cela
flatte notre égoïste vanité. Mais nous ignorons générale-
ment la constitution des sociétés allemandes qu'un grand
citoyen et un grand homme de bien, Schultze-Delitsch, a
dotées d'une organisation admirable. Etablies à leur début
en 1849 dans la Saxe prussienne, elles ont pris bien vite un
développement prodigieux ; et elles couvrent aujourd'hui
l'Allemagne entière.

Grâce à leurs statuts, et surtout à leur principe de solidarité (qu'on remarque bien ceci), elles ont trouvé le secret de réaliser ce problème de toute économie politique bien entendue, *la vie à bon marché !* — En France, où les sociétés coopératives sont si clair-semées, nous n'avons guère que des sociétés de secours mutuels, et leur seul but n'est en définitive que le soulagement des membres malades ou trop âgés pour travailler. En Allemagne, outre les sociétés de secours mutuels proprement dites, il en existe une foule d'autres qui ont chacune un but particulier, qui se relient toutes entre elles, et qui ont au moins l'avantage de répondre à tous les besoins de la vie. On peut les diviser en trois classes ; nous les indiquerons ici, car il est bon de les faire connaître.

1° La première comprend les *Associations de crédit* ou *Banques de crédit (Vorschussverein)*, qu'il ne faut point confondre avec les caisses d'épargne, les assurances sur la vie, etc.

Ce sont des caisses basées sur deux principes : le principe de mutualité et le principe de solidarité. Ainsi chaque associé verse chaque mois 2 silbergros (25 centimes) jusqu'à ce qu'il ait constitué une somme de 16 thalers (60 fr.), qui forment son apport social, *l'action*, en un mot, qui lui donne part aux bénéfices. De plus la caisse emprunte des capitaux étrangers pour lesquels tous les membres sont cautions solidaires.

C'est à cette caisse que tout associé trouve les fonds dont il a besoin pour son métier ou son ouvrage, à un taux inférieur aux Banques ordinaires et aux Monts-de-Piété, qui ne prêtent que sur gage et à 10, 12 et 15 pour 100. L'intérêt même qu'il paie lui profite, puisque chaque année les bénéfices sont partagés comme dividendes.

2° A côté de ces Banques de crédit se placent les Sociétés pour l'acquisition en gros des matières premières nécessaires à chaque état et même pour l'achat des outils (soit en allemand *Rohstoffverein*).

3° Enfin viennent les sociétés de consommation *(Consumverein)*, qui ont pour but de se procurer à meilleur compte les vivres, les vêtements, le combustible, etc.

Le but de ces deux dernières associations est l'établissement d'immenses magasins, où chaque ouvrier trouve au plus bas prix (puisque la société a pour principe non de spéculer, mais de faire le bien) d'abord tout ce dont il a besoin pour exercer son métier : fer, cuir, bois, outils, etc., puis, les vivres, les vêtements, etc. Tout est acheté en gros par l'association chez le producteur, et livré aux associés presque au prix coûtant. On ne prélève que les frais de transport, de magasin et d'administration.

Ce sont là des corporations réelles, sans les entraves de notre ancien régime, et avec tous les profits d'une solidarité assise sur la bonne volonté de tous ; avec la liberté enfin qui leur permet de s'établir, de se gouverner, de créer et de changer à leur gré leurs statuts sans l'intervention du pouvoir.

Les nôtres, ébauchées sous le régime de 1848 à la faveur de la liberté d'association qui régnait alors, ont été placées, à l'aurore du règne actuel, sous la main du gouvernement, comme une administration publique. Les présidents en sont nommés par décret comme s'il s'agissait d'une véritable fonction. C'est peut-être la plus inique usurpation de l'Etat sur les droits individuels, une des réformes les plus urgentes à demander, le droit le plus légitime à se faire restituer. Comment ? quelques ouvriers, la plupart pères de famille, gens tranquilles par consé-

quent et ne pouvant éveiller l'inquiétude de l'autorité, se réunissent pour mettre en commun une partie de leurs épargnes, pour en faire le petit pécule qui servira à secourir leurs malades ou leurs vieillards ; — et vite, l'Etat met la main sur eux, les saisit, les enrégimente, leur nomme leurs chefs, comme s'il avait à les organiser en garde mobile? Leur petit capital, formé par leurs cotisations mensuelles ou par les dons des âmes généreuses, la plupart du temps est versé dans sa caisse, gouffre sans fond où tout s'engloutit.

Elles sont devenues, grâce à cette organisation administrative, de véritables corps dépendant du pouvoir. Nous les voyons dans certaines villes convoquées aux cérémonies officielles. Au 15 août, elles font partie du cortége des autorités se rendant au *Te Deum*, et que conduit M. le Sous-Préfet avec le sourire du satisfait et l'habit brodé d'argent du bien-payé. Leur place est-elle vraiment dans cette manifestation où chacun est libre de suivre ses sympathies, mais où leur présence en corps est ridicule? De quoi vont-elles remercier le Ciel? De n'avoir plus la liberté de choisir leur président? de ne pouvoir modifier leurs statuts sans l'approbation impériale?

Cette ingérence de l'Etat en tout est un fléau qu'on en saurait assez combattre, comme l'annihilation constante de toutes les forces individuelles. Il serait d'un gouvernement sensé ou simplement spirituel de se faire oublier le plus possible. Sa main n'est pas assez douce pour le faire chérir toutes les fois qu'on la sent. A quoi cela peut-il aboutir ?

Nous voyons souvent, dans les assemblées générales, le Sous-Préfet prendre à un fauteuil une place qui ne lui appartient pas. Que vient faire là ce représentant du

pouvoir? N'est-il pas ridicule de venir parler de l'Empereur à de braves gens réunis pour apurer leurs comptes et
régler les petites affaires de leur société? Le président,
de son côté, étant nommé par le pouvoir, croit aussi
devoir parler de la bienveillance administrative, de la
sollicitude paternelle de l'Etat, qui prend la peine de tout
gérer et surtout d'encaisser nos fonds. Toutes choses
en somme fort déplacécs, et qui introduisent à tort un
élément politique au sein de sociétés créées simplement
pour l'assistance. Venir quêter des flatteries ou des hom-
mages de commande est un rôle fait pour inspirer la
suspicion plus que la confiance; et le but qu'on se pro-
pose une fois manqué, la conséquence n'est pas une
grande considération pour l'autorité.

Nous savons bien que les choses ne vont pas partout
jusque-là. Mais ce que nous trouvons partout, c'est l'intervention du pouvoir. Nous parlions plus haut des sociétés allemandes; ce qui les distingue des nôtres, c'est
leur liberté. Elles varient, il est vrai, suivant les pays : en
Bavière, en Autriche, en Prusse, elles ont dû se modifier
légèrement, suivant les différentes constitutions. Mais elles
n'ont perdu nulle part leur force et leurs franchises.
Schultze-Delitsch a si bien compris les inconvénients de
l'omnipotence de l'Etat, qu'il a écarté de parti pris toute
intervention étrangère. Il est même allé jusqu'à refuser
énergiquement l'admission de membres honoraires et
toute espèce de subvention de l'Etat. Il ne voulait pas que
derrière un secours d'argent, un don gracieux, pût se
cacher la main de l'autorité. On observera peut-être que
Schultze-Delitsch vit en Prusse et qu'il a dû se méfier de
certaines habitudes qu'il connaissait trop. Mais la terre
de France ressemble par plus d'un point à sa voisine de

Prusse, et si elle en diffère sur d'autres, ce n'est pas par l'absence du despotisme administratif.

Nous aurions à traiter ici d'un autre ordre d'associations ; elles vont trouver leur place dans la question de la liberté religieuse, à laquelle nous arrivons.

3°

Liberté religieuse. — Pour régler les rapports de l'Eglise et de l'Etat, trois systèmes radicaux sont en présence : — ou l'Etat dans l'Eglise, — ou l'Eglise dans l'Etat, — ou la séparation absolue des deux. — Entre ces trois systèmes s'en place un autre qui est une transaction, le régime des concordats ; c'est celui qui nous régit, c'est celui seulement dont nous parlerons, et encore le ferons-nous brièvement. Nous nous bornerons à indiquer la situation légale et les dispositions qui entravent la liberté religieuse.

Le régime des concordats consiste à considérer l'Eglise et l'Etat comme deux puissances distinctes et réunies par un traité. — La plupart du temps le traité est fait au préjudice de la première et au profit du second : car il est la transaction qui suit une lutte, et le plus fort ne transige guère qu'à son avantage.

Le premier principe qui nous régit en pareille matière est que aucun culte ne peut s'établir sans être reconnu par l'Etat. — Ce principe n'est pas nouveau ; c'est l'adage antique de Cicéron qui n'admet que les Dieux du Capitole ; — et le mot de Tertullien que « nul Dieu ne sera admis qu'après délibération du Sénat, » semble tombé hier de ses lèvres comme la meilleure raillerie de notre législation. Donner à l'Etat le droit de reconnaître aujourd'hui un culte, c'est lui donner le droit de ne plus le reconnaître demain, c'est-à-dire de le supprimer.

Ces prémisses posées, il en découle naturellement une organisation administrative qui place les cultes dans la main du pouvoir civil.

Les évêques, comme les pasteurs protestants, sont nommés par l'Etat ; et le serment politique leur est imposé.

Aucune association ou congrégation ne peut s'établir sans l'autorisation préalable du gouvernement, qui a le droit de les admettre ou de les écarter à son gré. (Décret du 3 messidor an XII. — Décret du 18 février 1809. — Ordonnances de 1815 et de 1816. — Loi du 24 mai 1825. — Décrets des 31 janvier et 16 février 1852...., etc...)

Les ministres du culte ne peuvent se réunir et conférer de leurs intérêts sans l'autorisation du pouvoir. (Articles organiques, titre I, article 4.) La constitution de 1848, il faut le dire, avait réformé cette législation ; mais la liberté accordée aux synodes diocésains ne dura pas plus que la constitution républicaine. Aujourd'hui toute assemblée délibérante de l'Église, tous synodes ne peuvent se tenir sans qu'on se munisse au préalable d'une permission.

Pour construire une église, une chapelle ou même un simple oratoire privé, il faut encore une autorisation. (Art. organ., titre III., art. 44.)

Pour se réunir plus de vingt personnes dans une maison particulière, il faut encore l'agrément du pouvoir. (Code pénal, articles 291, 292, 294.) Un arrêt de la Cour d'Orléans du 9 janvier 1838 déclarait « ces articles 291 et 292 du Code pénal inconciliables avec le droit franchement entendu de professer librement sa religion. » Les articles 7 et 8 de la Constitution de 1848 abrogèrent ces dispotions du code pénal en autorisant les citoyens à s'assembler paisiblement et sans armes. Mais le décret du 25 mars 1852 s'empressa de rendre pleine vigueur à ces articles 291, 292 et 294, les déclarant applicables aux réunions *de quelque nature qu'elles fussent.* Enfin, de par le décret du 19 mars 1859, c'est aujourd'hui Monsieur le Préfet qui a le droit suprême d'autoriser ou d'interdire toute réunion religieuse.

Pour ouvrir une école, il faut encore une permission. (Loi du 14 juin 1854, art. 7).

Enfin, aucune bulle, aucun bref du Saint Siège ne peuvent être publiés en France sans l'avis du Conseil d'Etat et un décret impérial. — C'est-à-dire que le dogme lui-même est du ressort du pouvoir.

Voilà ce que la phraséologie officielle appelle liberté des cultes et proclame insolemment comme une glorieuse conquête de l'esprit moderne. C'est tout simplement le résumé des anciennes ordonnances royales et de toutes les entraves mises par le despotisme de l'Etat au libre exercice du culte. Sous prétexte d'ordre matériel et de police, l'autorité du roi était à peu près substituée à celle de l'Eglise. Les appels comme d'abus, les saisies de mandements épiscopaux que nous avons vus dans notre siècle sont la reproduction de ce qui passait en décembre 1763, lorsque M. de Saint-Florentin se rendait chez l'archevêque de Paris, et non-seulement lui défendait de publier son mandement, mais lui arrachait des mains le manuscrit.

Il ne suffit pas de proclamer la liberté, si, derrière les Chartes ou les Constitutions qui la reconnaissent, tout un arsenal de lois, de décrets, d'ordonnances, de jugements viennent la confisquer. Nous connaissons bien les sophismes allégués pour justifier la chose ; nous avons entendu naguère M. Dupin s'écrier : « Souvenez-vous que, dans un état bien réglé, aucune association, aucune congrégation, aucune confrérie religieuse, ni laïque ni politique, ne peut se fonder sans l'autorisation du gouvernement. » — Il faudrait d'abord s'expliquer sur ce qu'on entend par un état *bien réglé* ; et s'il ne peut être *bien réglé* qu'au prix de toutes ces restrictions, nous déclarons franchement l'aimer autant moins *bien réglé*. S'il faut pour tout une permission, à quoi servent les fameuses déclarations des droits de l'homme, les principes de 89 et autres belles choses dont on nous berce ? Nous préférerions de moins grands mots en théorie et une meilleure pratique. Portalis était encore un partisan des gouvernements *bien réglés* quand il disait : « Un état n'a qu'une autorité précaire, quand il a dans son territoire des hommes qui exercent une grande influence sur les esprits et les consciences, sans que ces hommes lui appartiennent au moins sous quelques rapports. » Ainsi, tout ce qui peut avoir « une influence » par l'exercice d'un ministère religieux doit appartenir au pouvoir « au moins sous quelques rapports. » C'est tout simplement la théorie de la religion d'Etat, comme l'entendait Jean-Jacques Rousseau dans son *Contrat social.* Il n'y a pas loin de ces prémisses à l'autorité spirituelle du souverain ; car le souverain est le seul juge de « ces quelques rapports » qui doivent lui rattacher les ministres du culte ; et comme il voudra régner sur un peuple *bien réglé,* il ne les trouvera jamais trop étroits. Nous connaissons l'infaillibilité à laquelle prétendent nos monarques en matière de gouvernement ; et nous pouvons pressentir ce qu'ils en voudront avoir en matière de religion. C'est à eux qu'il faudra dire un jour : *Pater noster !*

Nous avons résumé en quelques mots la législation des

cultes. Le gouvernement actuel n'a guère eu à y ajouter en fait de restrictions : l'œuvre était faite avant lui par le premier empire. Il n'a eu qu'à faire revivre certains articles du code pénal, et quelques prohibitions surannées qu'on croyait ensevelies dans l'oubli, comme la défense aux évèques de communiquer *sans permission* avec le St-Siége. A cette heure, quand on relit attentivement les lois qui nous régissent en cette matière, il est impossible de ne pas conclure que la liberté religieuse n'existe en somme qu'à l'état de tolérance et non de droit. Lorsque tout dépend d'une autorisation ou d'un visa officiel, l'Etat est le seul maître, quoiqu'on dise ; il suffit de son refus ou simplement de son silence en face d'une demande, pour supprimer ce qui le gêne et empêcher ce qui lui déplaît. (1)

Voilà ce qu'est en France la liberté religieuse.

(Nous aurions à traiter ici de la liberté d'enseignement, que son importance nous eût fait ranger parmi ces libertés primordiales, si elle n'était le corollaire forcé des trois

---

(1) Voir, pour plus amples renseignements, la séance du 30 mai 1860 du Sénat. (*Moniteur* du 16 juin 1860). Le rapport de M. Dupin et le discours du Ministre des cultes, exposent la doctrine de l'Etat en cette matière. A propos des autorisations, voici les propres paroles du Ministre... « Peut-être alors n'employons-nous pas la forme » sèche et précise du refus, à cause des formes délicates et affectueu- » ses qui président au traitement des affaires religieuses : nous at- » tendons, nous faisons sentir qu'une justification essentielle est » impossible ; *Nous ne disons pas non, mais nous faisons comprendre* » *que nous ne dirons jamais oui !* »
C'est-à-dire que, n'ayant pas de bonne raison à donner du refus, on se borne au silence. Ces « *formes délicates et affectueuses* » qu'on veut faire passer pour politesses ne sont, en définitive, que la pire des impertinences. Si nos gouvernements ont abandonné la vieille formule, *car tel est notre plaisir !* ils en ont du moins gardé l'esprit ; et leur habileté se borne à dorer la chaîne qui nous attache.

libertés que nous venons d'étudier : liberté individuelle, liberté d'association, liberté religieuse. Ces trois libertés complètes renferment celle de l'enseignement. La loi de 1850 a brisé la législation qui pendant une moitié de siècle a mis nos enfants entre les mains de l'Etat. Il reste encore sans doute beaucoup à faire : l'avenir achèvera l'œuvre commencée.)

4°

Nous ne ferons pas l'historique de la législation des communes ; le sujet est attrayant, mais trop vaste. Une grande leçon en sortirait : c'est que tous les peuples forts, à patriotisme énergique, sont les peuples à institutions municipales. Au moyen-âge, la Flandre, l'Espagne et l'Italie ; — aujourd'hui, la Hollande, la Belgique, la Suisse, l'Angleterre, les Etats-Unis en sont le frappant exemple. La commune, c'est la patrie ramenée à un point saisissable. C'est autour du clocher qu'est la véritable école rudimentaire de l'esprit public : c'est là que commence le citoyen..

La loi du 14 décembre 1789 avait posé les bases de la constitution communale en France. La Convention et après elle l'Empire vinrent étouffer tout ce qui pouvait ressembler à l'indépendance. Jusqu'à la loi du 21 mars 1831, la commune fut gouvernée par l'Etat, car les officiers municipaux étaient nommés par lui ; — elle n'existait guère que comme circonscription territoriale. Cette loi, qui produisit de bons effets, était pourtant insuffisante. La tutelle administrative pesait toujours ; et bien des entraves étaient maintenues que l'expérience a condamnées.

Sous la République de 1848, un mouvement décentralisateur fut tenté. Malheureusement le même esprit qui avait perdu les autres gouvernements prédominait au sein de l'assemblée, composée, moitié d'énergumènes, moitié de monarchistes : les uns aigris par de longues années d'une opposition stérile et ne songeant qu'à satisfaire leurs rancunes ou à réaliser leurs utopies ; — les autres trop enfoncés dans la routine pour comprendre les nécessités d'une situation nouvelle et qui espéraient toujours reconstituer la France d'après leur idéal monarchique. La pensée d'une émancipation sérieuse de la commune fut repoussée, aussi bien par les démocrates autoritaires, centralisateurs par principe, que par les royalistes, centralisateurs par habitude. Tous les partis ne visaient qu'à saisir le pouvoir et voulaient le garder fort, à leur profit. La tentative faite par quelques esprits généreux échoua sous les sophismes qui avaient cours depuis longtemps et qui avaient déjà détourné de sa vraie route le mouvement de 89. — « Ne » touchez pas aux Sous-Préfets, s'écria-t-on, car ils sont » notre plus sûre garantie contre le retour de la féo-» dalité. » — Et les Sous-Préfets furent maintenus, et avec eux tout le vieux rouage administratif. Nous ne savons s'ils nous ont préservés de la féodalité, mais ce que nous savons bien, c'est qu'ils lui ont succédé, et que la dime à leur payer est assez lourde. (1)

Le Sous-Préfet est en effet le fonctionnaire qui préside réellement à l'administration de la commune ; surtout

(1) Nous renvoyons les lecteurs qui voudraient étudier cette question aux travaux de cette grande commission de trente membres nommée au sein de l'assemblée. Il serait à désirer que les procès-verbaux de ses délibérations fussent publiés. Le coup d'Etat du 2 décembre a fait échouer la réforme communale.

aujourd'hui que la constitution de 1852 a fait revivre une partie des traditions impériales et attribue au pouvoir la nomination des Maires et des Adjoints. Tous ceux qui vivent en province savent ce qu'est la commune entre les mains du Sous-Préfet, appuyé sur une législation tracassière et inflexible. Rien ne se fait sans son agrément. Chemins, églises, cures, maisons d'école, tout est régi par ses bureaux ; seul il préside à tout. On se demande comment il peut connaître réellement cette quantité d'affaires qu'il est appelé à trancher ? Aucun savant du monde ne saurait se vanter d'une pareille universalité. Et quand on songe que nous en avons trois ou quatre cents de cette force ! Et que des esprits chagrins prétendent encore que la France qui enfante de tels hommes n'est pas la reine des nations !

Qu'on examine donc une bonne fois la situation faite à la commune par une autorité qui se dit tutélaire. — Qu'est-ce aujourd'hui franchement qu'un Conseil municipal, ce Conseil choisi avec tant de soin parmi les dévoués quand se dressent, au moment des élections, les listes officielles ? — Il ne peut s'assembler que sur la convocation du Maire, quatre fois l'an. Pour toute autre réunion, il faut l'assentiment du Préfet ou du Sous-Préfet. — Quand il vote son budget, il ne fait en somme qu'approuver un projet, car non-seulement ce budget est soumis à la même sanction, mais M. le Préfet peut y inscrire d'office une dépense obligatoire, comme y retrancher ou restreindre ce qu'il juge convenable. Sans le consentement de l'autorité, il ne peut rien. — Il ne peut créer une foire ou un marché, — ouvrir un chemin, — changer la destination d'un bâtiment, tel que halle, salle de spectacle, — créer un abattoir, — traiter pour son éclairage, — régler l'alignement des rues ou la vaine pâture, — poursuivre une action en justice, — acheter des meubles ou une bibliothèque, — traiter des droits d'usage dans les forêts communales, — s'imposer extraordinairement, — créer un octroi, etc..., c'est-à-dire qu'il ne peut rien sans la sanction de cette administration qui seule a la science infuse, qui seule se charge de penser pour tout le monde et qui ne commet jamais de fautes. Le Conseil municipal ne fait en somme qu'exprimer des vœux sur les affaires qui lui sont soumises. Nous défions qu'on prouve le contraire..

Il y a pourtant des cas où la loi fléchit. Elle défend aux Conseils municipaux de prendre directement la parole devant le public, de faire des affiches, des proclamations, des adresses, — et cela sous aucun prétexte. Nous ajouterons que c'est avec raison. Pourquoi voit-on donc si souvent des adresses faites au mépris de la loi et avec l'invitation de l'autorité? — Cette défense est la seule mesure rationnelle; c'est aussi la seule qu'on se permette d'enfreindre. Vienne un attentat, ou la naissance d'un prince, qui est toujours « l'espoir de la patrie, » vite, toutes les municipalités s'assemblent et parlent à la fois. Celui qui oserait ce jour-là rappeler l'observation de la loi passerait aux yeux de l'autorité pour un homme fort mal pensant.

Le Sous-Préfet est le produit de cet esprit d'ingérence de l'Etat en tout : esprit fatal qui a tué chacun de nos gouvernements, parce qu'il fait remonter au souverain seul la responsabilité de tout. Chaque Sous-Préfecture est un bureau-succursale du Ministère de l'intérieur, gouverné par le télégraphe ; et par elle, chaque commune de France reçoit à la même heure même ordre ou même défense d'agir. M. de Salvandy, tirant sa montre en plein Conseil et s'écriant d'un air triomphal : « A cette heure, tous les lycées de France font telle version de Cicéron ! » n'a donc pas encore montré le ridicule de cette centralisation à outrance ?

Ceux qui parlent tant de gouvernements *bien réglés* ne veulent donc pas voir que « les vraies attributions de l'Etat » sont celles qui ne peuvent être exercées ni par l'individu, ni par la commune, ni par la province ? » (1) On ne veut donc pas voir que cette effrayante responsabilité de tout faire ne peut être assumée par personne? qu'un jour ou l'autre, quelle que soit sa force, un gouvernement doit succomber sous ce fardeau et sous la masse des petits mécontentements qu'il soulève? Pourquoi ne pas s'effacer et se faire oublier le plus possible? La main du pouvoir est toujours lourde. Assez de choses nous le rappellent, telles que l'impôt, la conscription, la police, les mille délits inventés pour nous faire sentir à toute heure son action vigilante mais vexatoire. Se montrer tous les jours est inutile : et faire intervenir l'Olympe à tout propos peut être la ressource des poètes épiques, mais c'est la maladresse des gouvernants.

On ne veut donc pas voir enfin cette vérité éclatante qu'une tutelle trop prolongée aboutit à l'abêtissement du pupille; et que cette tutelle permanente qui pèse sur les communes doit aboutir forcément un jour ou l'autre à l'annihilation de la France au profit d'une seule volonté ?

Parler de l'affranchissement des communes, c'est peut-être avoir l'air de dater de Louis-le-Gros ? Pourtant l'œuvre est urgente : il est temps d'y réfléchir. On se plaint des commotions qui ébranlent la France si souvent;

(1) F. Le Play, *Réforme sociale*, t. II.

et aucun gouvernement n'a encore songé à constituer de fortes municipalités ! Là est la vraie vie d'un peuple. Un pouvoir ne pourra envisager avec sécurité l'avenir que lorsqu'il aura derrière lui les populations des campagnes et des villes fortement assises dans des institutions municipales plus larges et plus libres ; parce que ces populations prendront ainsi intérêt à leurs propres affaires, et, déshabituées de tout demander à l'Etat, ne feront pas remonter jusqu'à lui la responsabilité de leurs mécomptes et de leurs souffrances. La Cour des aides, dans ses remontrances du 6 mai 1775, se plaignait qu'on en fût venu « à cet excès puéril de déclarer nulles les délibérations » des habitants d'un village quand elles ne sont pas auto- » risées par l'intendant, en sorte que si cette communauté » a une dépense à faire, quelque légère qu'elle soit, il faut » prendre l'attache du subdélégué de l'intendant. » La cour des aides avait raison, mais ce qu'elle trouvait *puéril* en 1775, nous le trouvons naturel aujourd'hui, tant la routine nous a habitués au servilisme. Les Préfets et les Sous-Préfets ont remplacé les intendants et leurs subdélégués ; au fond rien n'a changé. L'Empereur le sentait, quand il disait dans sa lettre du 24 juin 1863 : « Comment » comprendre que telle affaire communale, par exemple, » d'une importance secondaire et ne pouvant soulever » aucune objection, exige une instruction de deux années » au moins, grâce à l'intervention obligée de onze auto- » rités différentes ? » — L'Empereur pensait comme la Cour des aides. En lisant sa lettre, nous nous sommes rappelé certains articles du *Journal du Pas-de-Calais*, que le prisonnier de Ham écrivait à l'adresse des conservateurs et des députés d'alors. Nous pensions que le chef de l'Etat, qui voyait jadis si clair à travers les murs de sa prison, voudrait voir clair aussi dans son administration et réformer ce « qu'il ne peut comprendre. » Le programme n'a pas été réalisé. Ce n'était sans doute qu'un désir généreux mais vague, une de ces bonnes intentions qui, suivant le proverbe d'Eglise, pavent au même titre, à ce qu'il paraît, l'enfer et les gouvernements.

Passons à la liberté de la presse.

5°

Ici encore il faudra nous borner, tant les arguments sont nombreux, soit dans un sens soit dans l'autre. Nous rappellerons seulement les principes généraux de la législation présente et la situation faite à la presse par l'Empire.

Dans l'état actuel des choses, nous trouvant tous isolés individuellement, en face de l'Etat, la presse est la seule arme défensive que nous puissions avoir; la supprimer, c'est supprimer d'un seul coup tous les droits des citoyens. Nous venons de parler des autres libertés; qui les défendra si la presse n'existe pas? Qui arrêtera l'arbitraire si le pouvoir fait autour de lui le silence et s'il n'a pas à compter avec l'opinion publique? — La loi! dira-t-on. — Mais qui nous garantit son autorité? Qui nous assure que le pouvoir s'inclinera devant elle? En 1852, le droit de confiscation avait bien disparu depuis longtemps de nos codes; la loi qui l'abolissait a-t-elle empêché la famille d'Orléans d'être dépouillée d'une partie de ses biens? — Qui nous garantit que les jugements des tribunaux seront respectés? Qui nous garantit même que les tribunaux choisis par le pouvoir ne seront pas à son service? — « Il ne suffit pas, a dit Royer-Collard, qu'il y ait des juges pour qu'il y ait des jugements; et l'arbitraire ne change pas de nature pour être couché dans une sentence. » — De Sèze avait dit avant lui en défendant Louis XVI à la Convention : « Vous allez juger ce roi infortuné, mais la postérité » jugera votre jugement! »

La postérité, c'est nous tous; c'est l'opinion publique; c'est l'appel suprême de tout opprimé qui sent instinctivement qu'au-dessus de la force, au-dessus de ses juges, au-dessus de la loi même il est une autre puissance qui entend sa plainte et qui l'écoute. C'est la publicité, en un mot, qui fait de chacun de nous les soutiens du faible, et qui seule peut créer au sein d'une nation la solidarité nécessaire des gens de bien.

Nous savons tout ce qu'on peut dire pour et contre la liberté de la presse. Les deux thèses se résument en un dilemme fort simple : — Ou laisser tout dire, — ou laisser tout faire ! — Qu'on dégage la discussion de toute la phraséologie habituelle, de toutes les pompes de la rhétorique, on la ramènera toujours, et on ne peut pas la ramener à autre chose qu'à cette alternative saisissante : avec la liberté de la presse on laisse tout dire, sans liberté de la presse on laisse tout faire. Une fois la question posée, sa solution est facile. Mieux vaut laisser dire que laisser commettre le mal.

Avec la discussion, avec la publicité on peut répondre à toute calomnie, redresser toute erreur, éclairer tout point obscur et déférer en somme à la justice les excès commis ; — avec le silence, l'autorité peut tout, la force règne seule, le droit n'existe plus.

Jusqu'à la loi nouvelle de 1868, la presse a été, on peut le dire, pendant seize ans dans la main de l'Etat. Ce n'était pas le silence, si l'on veut ; mais c'était le langage choisi et réglementé par un régime arbitraire, ne laissant passer que ce qui lui convenait, et niant par ses communiqués ce qu'il voulait démentir, sans en admettre la preuve ou la discussion. Un journal qui cessait d'être agréable pouvait disparaître un beau matin frappé par un décret, comme l'*Univers,* le *Courrier du Dimanche* et tant d'autres. Il fallait plaire ou se taire.

La nouvelle loi a concédé la faculté de fonder un journal sans autorisation préalable, et substitué au régime des avertissements l'autorité judiciaire. A cela se bornent presque toutes les concessions. Une autre juridiction, celle du jury, était réclamée comme plus libérale et plus juste. Le gouvernement l'a écartée comme trop clémente ou pas assez éclairée : deux reproches qui se comprennent peu sous un pouvoir sorti du suffrage et qui se déclare responsable devant la nation. On demandait des cautionnements moins lourds, un timbre moins cher, une pénalité moins dure. Il a résisté à outrance et a voulu rester équipé en guerre. Sa loi, comme toute notre législation politique, comme la nouvelle loi sur le droit de réunion, a été rédigée avec soin dans des termes assez vagues pour permettre dans l'occasion l'interprétation élastique dont il pourrait avoir besoin. Elle peut porter loin et frapper souvent, comme toutes les armes perfectionnées d'invention moderne. Quoique jeune encore, elle a tenu ce qu'elle promettait.

Nous avons vu, lors de la dernière session, dix-sept journaux poursuivis à la fois pour comptes rendus illicites des débats du Corps législatif. Ils soutenaient n'avoir fait qu'une discussion et une critique des discours prononcés. Le parquet soutenait de son côté que leur critique était

3

un véritable compte rendu. — Onze condamnations furent prononcées, et la question n'est pas mieux éclaircie. On en est encore à savoir ce que l'on peut faire ou dire ; on se demande où finit la critique et où commence le compte rendu. Les jugements ont bien frappé les journaux de fortes amendes ; mais ils n'ont pas fixé le sens des mots, et la presse reste toujours dans l'indécision.

Nous avons vu plus récemment les poursuites relatives à la souscription Baudin considérée comme *manœuvre à l'intérieur*. Quelques journaux ont été acquittés en province ; la plupart ont été condamnés. — Connaît-on mieux le sens de ce mot : *manœuvres?* Un arrêt de la Cour de cassation a déclaré jadis que pour constituer des manœuvres il fallait *une habitude et un concours de plusieurs volontés.* Aujourd'hui la doctrine du parquet est moins précise encore. Quand on examine les derniers jugements, on se demande si tout ne peut pas être considéré comme manœuvres !

Lors de la discussion de l'article 2 de la loi du 17 février 1858, dite de sûreté générale (comme on disait autrefois loi de salut public), plusieurs membres de la majorité, un peu inquiets du résultat, demandèrent ce qu'on voulait punir. M. de Talhouët dit formellement : « Les termes dont on se sert sont si vagues que les tribunaux pourront en faire des applications très-diverses. » — M. le président du conseil d'État prit la parole pour éclaircir ce vague ; il ne fit qu'y ajouter celui de son discours. M. Emile Ollivier insista pour faire préciser les cas où la loi serait applicable. M. Baroche se leva comme un oracle ; on espérait enfin la clarté ; et au lieu d'explications, il demanda « s'il était permis d'exciter à la haine et au mépris du gouvernement?» — Il répondait à la question en en posant une autre. La majorité prononça la clôture et vota l'article ; elle se trouvait suffisamment édifiée !

Maintenant que les écrivains s'en tirent comme ils pourront : nul n'est censé ignorer la loi !

Ce vague de notre législation se retrouve partout. La loi sur les réunions publiques en est un second exemple. Et le procès intenté à Nîmes à M. de Larcy peut nous instruire à ce sujet.

Nous dirons donc en concluant qu'à cette heure nul ne sait à quoi s'en tenir sur son droit ; et ce qui semble permis peut nous valoir à chaque instant une sévère répression. Les acquittements prononcés pour la souscription Baudin en province, pendant qu'elle était condamnée à Paris, prouvent jusqu'à l'évidence l'incertitude où se trouvaient les juges eux-mêmes. Comment veut-on que le public comprenne une loi que les magistrats eux-mêmes interprètent dans des sens si divers ? C'est pourtant la condition première de toute loi pénale d'être claire et précise ; autrement elle n'est qu'une arme de trahison et donne au pouvoir la liberté de l'arbitraire.

Un gouvernement honnête ne doit pas craindre le grand jour. Supprimer la lumière et redouter la discussion, c'est éveiller les soupçons et légitimer d'avance tout ce que les partis hostiles pourraient inventer de faux bruits ou de calomnies.

Les pamphlets ont toujours été la plaie des époques où la presse était asservie. Mieux vaut la guerre ouverte d'une presse libre, fugitive comme toutes les productions quotidiennes, et à laquelle du moins on peut répondre, que la guerre de ruses des brochures occultes, d'autant plus recherchées qu'on a besoin de savoir davantage, d'autant plus crues que la police les arrête et qu'on suspecte la

vérité. — « Le défaut de contradiction, dit excellemment
» M. Thiers (1), engendre peu à peu une telle défiance,
» qu'un gouvernement peut moins se défendre contre les
» faux bruits, contre la calomnie échangée de bouche à
» bouche, qu'il ne le peut contre une presse l'attaquant à
» la face du ciel. A la vérité cette sourde défiance du pu-
» blic, qui dans le régime du silence accueille si volon-
» tiers la calomnie, et devient ainsi la punition du pouvoir
» absolu, opère moins vite que la calomnie de la presse
» libre ; mais ce mal lent et sourd qui mine est au moins
» aussi funeste, quand il a gagné les masses, que le mal
» patent de la licence. On peut atteindre ce dernier par la
» réponse contradictoire ; impossible d'atteindre l'autre
» dans l'ombre où il se cache. Sans compter qu'il arrive
» un jour, jour bien mal choisi car c'est celui du mal-
» heur, où, toutes les barrières venant à tomber à la fois,
» la passion longtemps contenue éclate, verse sur vous
» l'énorme arriéré de vingt ans d'injures, et vous accable,
» quand il n'y a plus une voix pour vous défendre, plus
» une oreille pour vous écouter ! »

L'histoire est là toute entière pour prouver cette vérité.
Non-seulement Louis XIV avait voulu dire : L'Etat, c'est
moi ! mais il n'avait laissé la parole libre qu'aux histo-
riographes de cour. Pendant cinquante ans, la France fut
nourrie des flatteries des poètes qui n'avaient d'encens
que pour le roi-soleil. Vauban, coupable une heure pour
avoir écrit la *Dime royale*, payait de sa disgrâce le courage
d'avoir dit la vérité. Toute voix indépendante avait été
écartée du chœur officiel des louanges. Il semblait que tout
fût prêt pour que le règne finît au milieu des regrets et

(1) *Le Consulat et l'Empire*, tome xix.

des applaudissements enthousiastes de la nation. Il suffit de quatre ans de publications occultes pour changer l'esprit de la France. Les pamphlets de Hollande et d'Angleterre eurent raison des odes de Boileau et des adulations de Dangeau ; et le cercueil de Louis XIV arriva à Saint-Denis couvert de boue et poursuivi par les malédictions de tout un peuple ameuté.

Faut-il parler des pamphlets qui troublèrent si souvent les dernières nuits de la monarchie à Versailles, et qui ont si bien préparé les sanglantes vengeances du 21 janvier et de la Terreur ?

Faut-il parler enfin des pamphlets élaborés sous l'Empire dans toute l'Allemagne ? Les exécutions de Leipzig et de Hambourg avaient beau intimider leurs auteurs, la vengeance qui les inspirait devait éclater peu après dans les chants de Kœrner et coaliser l'Europe asservie dans l'élan de 1813. La douane de la pensée avait beau les déchirer à notre frontière, leurs pages échappées à la police venaient réveiller la France et parler de liberté à un peuple qui n'entendait parler que de gloire.

Voilà où arrivent les gouvernements qui croient préparer une nation à l'obéissance en supprimant ou en comprimant la presse périodique. Un jour vient, inévitable et fatal, où la vérité se dit quoi qu'on fasse, pénètre dans la foule, et y crée ce mépris et cette haine qu'on poursuit comme un crime, quand ils ne sont que la conséquence de la politique suivie.

III

Nous venons de voir ce que sont à l'heure présente ces libertés que nous regardons comme les seules bases solides comme les premiers principes de toutes les institutions sociales. Non-seulement l'Empire pouvait nous laisser le peu que nous en avions conquis ; mais il pouvait, mieux que tout autre gouvernement, nous les rendre une bonne fois. Nul n'était mieux placé, — nul ne pouvait davantage. Il ne l'a point fait encore ; et pourtant cette mission eût été sa gloire. — A-t-il pris pour indifférence ou pour oubli de ses destinées la patiente confiance de la nation ? — A-t-il cru, par un coupable calcul, détourner ses regards de l'avenir en l'éblouissant d'entreprises gigantesques, et des splendeurs d'une capitale reconstruite en quinze ans ? On serait tenté de le croire, en voyant toutes les villes de province suivre l'exemple avec un accord qui ressemble à un mot d'ordre. — Quoi qu'il en soit, la France demandait autre chose. Si le nouveau Paris, si tous ces travaux d'embellissement entrepris d'un bout à l'autre du territoire répondent aux besoins matériels et aux insatiables appétits du luxe moderne, ils ne répondent, avouons-le franchement, à aucun besoin moral. La solution du problème social pouvait et devait se faire autrement. La nuit du 4 août ne s'est pas accomplie dans un palais ; et elle rayonne dans l'histoire plus que les pompes du vieux Versailles !

Ces libertés enfin que nous venons d'étudier, l'Empire ne nous les a pas données. Reste à chercher le moyen de les acquérir, — non pas par des émeutes qui n'aboutiraient qu'à reconstituer la dictature, — non pas par la révolte, car pour être libre il ne suffit pas d'être des mutins, — mais par les voies légales autant que possible, par l'exercice du peu de droits qui nous sont encore conservés.

Trois législatures se sont succédé depuis 1852; la troisième achève cette année son mandat. Quand on se recueille et qu'on étudie leur œuvre, il faut le confesser avec tristesse, elles n'ont fait que peu de chose: des lois d'économie politique dont l'avenir seul peut juger le résultat, — des modifications plus ou moins désirées à nos divers codes, — plus de lois répressives enfin que de lois libérales. Elles ont produit de beaux discours et voté de gros budgets. Elles ont suivi pas à pas la marche que leur traçaient les orateurs officiels. A cela se résume leur œuvre.

Mais le mandat que le pays leur avait confié devait-il se borner à donner des votes de confiance? — Avions-nous envoyé nos représentants pour obéir passivement aux inspirations de M. Billault ou de M. Rouher, et trouver tout au mieux dans le meilleur des mondes, à la veille de Sadowa et au lendemain du Mexique? — Que M. Rouher, le héraut d'armes de l'Empire, sonne sa gloire avec enthousiasme, c'est un rôle comme un autre, et que peuvent jouer ceux qui aiment la faveur du trône et les plaques de diamants. Qu'il affirme n'avoir « jamais commis de fautes », et conduire « chaque année la France à des destinées meilleures », — c'est d'un rhéteur ami des fictions, qui peut chérir la vérité, mais qui préfère..... autre chose, à l'inverse du philosophe antique! Mais que nos députés, séduits par sa fanfare, se soient crus obligés de le suivre; c'est une conduite dont ils ont à répondre devant le pays moins confiant et devant les électeurs qui les payent.

Si Messieurs les Ministres ne sont responsables que devant l'Empereur, Messieurs nos députés sont responsables devant le corps électoral; — et s'ils n'ont pas l'initiative des lois, n'oublions pas ceci: c'est qu'ils ont le pouvoir et le droit de les repousser.

L'heure arrive donc où un compte sévère leur doit être demandé. Ils auront beau nous montrer leur majorité compacte et le nombre écrasant de leurs votes contre une minorité courageuse, mais trop faible: peu nous importe. La France a eu tous les jours l'écho de la tribune; elle a entendu les plaintes et les apologies; elle n'a peut-être pas cru comme eux à l'infaillibilité du pouvoir et à l'absence de toute faute commise. Quand elle remonte à quelques années en arrière, qu'elle se rappelle ses espérances, elle est peut-être moins crédule aux destinées meilleures? Quand elle songe à ce qu'on aurait pu faire et qu'elle voit ce qu'on a fait, elle est peut-être moins disposée à décerner des lauriers? Elle se demande enfin où on l'a conduite et ce que ces dix-sept ans de règne lui ont donné?

Il faut poser nettement la question. Entre la majorité du Corps Législatif qui a tout voté, tout approuvé, — et ce petit groupe qu'on appelle l'Opposition, tant conspué, tant honni par les orateurs officiels, — le choix est à faire. Au moment où de nouvelles élections s'approchent, que chacun regarde le chemin parcouru et mesure l'œuvre accomplie! Que la France se demande une bonne fois de quel côté ont été le mieux défendus ses intérêts et sa grandeur?

Elle avait besoin d'institutions qui ne fussent pas, comme par le passé, uniquement conçues dans l'intérêt exclusif d'une dynastie, et qui surtout ne laissassent pas l'individu seul et désarmé en présence du pouvoir. — On lui a répondu par un excès de centralisation et par des lois répressives qui mettent aux mains de l'autorité les armes les plus terribles. A la liberté individuelle, on a opposé la loi de sûreté générale et les déportations. A la liberté d'association, on a opposé l'organisation par l'Etat de toutes les sociétés de secours mutuels. A la liberté religieuse, on a opposé tout le vieil arsenal rajeuni d'une législation compressive, doublée des décrets du premier Empire. Aux libertés municipales, on a opposé la nomination des maires et des adjoints remise au pouvoir, et la conservation de la tutelle administrative qui pèse sur les communes. A la liberté de la presse, enfin, on a opposé seize ans d'arbitraire et la dernière loi que l'on connaît. L'Empire, dès son aurore, plus soucieux de constituer l'éclat apparent du règne que d'entreprendre l'ingrate, mais bienfaisante tâche des réformes, n'a songé à organiser qu'un pouvoir fort, armé surtout pour forcer au silence. Il a repoussé brutalement, hautainement toute voix dissidente qui osait réclamer une part dans la discussion des intérêts du pays ou quelques-unes des libertés confisquées. Il a gardé pour lui, à l'intérieur, toute action, toute initiative, comme il se réservait à l'extérieur l'invention d'un droit nouveau. Il s'est cru enfin assez de génie pour penser tout seul, et régénérer à la fois la France qui attendait tout et l'Europe qui ne lui demandait rien.

La France avait besoin de développer son industrie. Elle l'a fait; il faut être juste; les travaux ne lui ont pas manqué. Mais elle ne demandait pas une brusque révolution dans son système économique. Elle vivait depuis longtemps sous un régime qui pouvait avoir, comme tous les systèmes du monde, ses défauts et ses erreurs, mais enfin à l'aide duquel son industrie s'était créée, avait grandi, avait pris ses précautions pour l'avenir. Tout à coup elle s'est réveillée dans les bras d'un système contraire pour lequel elle n'était pas même consultée, et qui changeait d'un seul jour tous ses modes d'existence. Ce n'est pas le changement en lui-même qui est un mal : le régime nouveau peut avoir aussi son beau temps et sa prospérité ; mais ce qui est un mal, c'est la brusque surprise qui jette un beau matin toute une nation hors de sa voie accoutumée et porte la plus grave perturbation dans son industrie. Ce qui est un mal, c'est qu'une pareille chose puisse se faire sans que le pays soit appelé à se prononcer. L'avenir jugera l'œuvre. Comme nous le disions plus haut, le problème, le seul problème de toute science économique, c'est la vie à bon marché. Jusqu'ici, il faut l'avouer, le système nouveau ne nous l'a guère donnée.

La France avait besoin d'économies pour payer les dettes que lui avait léguées tant de révolutions ; elle avait besoin d'une réduction d'impôts pour refaire son agriculture, qui porte toutes les charges et qui est si injustement sacrifiée à l'industrie. On lui a répondu par des emprunts incessants, par des budgets qui grossissent tous les jours. On a fait une enquête agricole pour connaître ses souffrances. La vraie raison de ses souffrances, c'est que toute épargne a été impossible ; c'est que toutes ses ressources ont été absorbées par des entreprises ruineuses et inutiles ; c'est que nos capitaux sont allés s'engloutir à l'étranger, trompés par des promesses mensongères ou des spéculations illusoires. N'est-ce pas la parole de nos orateurs officiels qui nous a fait prêter un milliard à l'Italie et six cents millions au Mexique ? Est-il nécessaire enfin de rappeler que les chemins de fer étrangers, ceux d'Espagne, ceux d'Italie, ceux d'Autriche et tant d'autres, ont été construits avec nos trésors ? Et le résultat de toutes ces belles entreprises, quel est-il ? Demandez-le aux porteurs d'actions ou d'obligations étrangères.

La France avait besoin d'une politique suivie, régulière, qui lui garantît la tranquillité. On lui a répondu par l'inauguration d'un droit nouveau qui n'est qu'une politique d'aventure, puisqu'elle change tous les jours; puisqu'elle s'appelle tantôt la neutralité attentive, — tantôt la non-intervention, — tantôt le principe des nationalités, — tantôt le principe d'équilibre, — tantôt la loi des grandes agglomérations! C'est-à-dire qu'à cette heure, l'Empire n'a point de politique et que la France, d'un jour à l'autre, peut être livrée à toutes les utopies et à tous les hasards.

La France enfin qui travaille et paie avait besoin de bras, de tout son sang, de tous ses enfants pour voir s'accroître sa population au niveau des nations voisines qui grandissent d'un pas plus rapide. Ses bras ont été pris à la charrue pour l'armée; son sang a été prodigué dans des guerres lointaines dont le résultat est au moins contestable. La guerre de Crimée, où nos soldats ont prouvé une constance aussi grande que leur héroïsme, n'a abouti qu'à suspendre pour quelques années la question d'Orient qui se pose aujourd'hui avec de plus graves et plus embarrassantes complications. — La guerre d'Italie, où la victoire nous laissait le champ libre avec toute facilité pour faire passer l'intérêt de la France avant celui de nos alliés, la guerre d'Italie a eu pour résultat de constituer à notre porte l'unité de la péninsule; qui a commencé à être un gouffre pour nos capitaux; et qui peut d'un jour à l'autre nous mettre sur les bras le plus dangereux voisinage. — La guerre du Mexique enfin, avec son dénoûment sinistre, n'a-t-elle pas été le plus cruel échec fait à notre amour-propre national? Nos troupes ne sont-elles pas revenues devant la mise en demeure que les Etats-Unis nous signifiaient presque en langage d'huissier? Les conseils et les avertissements n'avaient point pourtant manqué au pouvoir. Toutes les voix indépendantes avaient protesté. La France, peu sympathique à ce trône lointain qu'il fallait élever à ses dépens, ne se souciait guère de courir une aventure engagée sans son avis. Elle assistait depuis trois ans à la régénération italienne dont elle faisait les frais, et n'avait pas grande affection pour cette autre « nation-sœur », dont la parenté lointaine comme race latine ne réveillait en elle aucun souvenir. Le gouvernement s'obstina quand même, et méprisa comme d'importunes Cassandres les voix rares, mais éloquentes, qui lui montraient l'écueil. C'est l'année même de cet échec sanglant que M. Rouher venait réclamer du Corps législatif, à la veille des événements d'Allemagne, un vote de confiance qui devait se résumer dans la dernière loi militaire et mettre sous les armes 1,200,000 hommes!

La France est belliqueuse, dira-t-on; c'est la patrie de la légende napoléonienne! Oui, c'est le pays de la légende. Si c'est là sa gloire, c'est là aussi sa faiblesse. Cette légende sur laquelle elle vit depuis soixante ans, cette légende tend à finir; et le gouvernement actuel, par un juste retour de la logique, s'est chargé de la railler et de la tuer, — comme Cervantès pour la chevalerie.— C'est la plus amère leçon que puisse nous donner la nature des choses; l'arrêt suprême de la vérité qui jaillit toujours de l'éternelle histoire! Le jour où une inspiration malheureuse a fait publier la correspondance du fondateur de la dynastie, le caractère intime du grand homme a été mis à nu, et la légende a pris fin. La France populaire, bercée par les

noms d'Austerlitz, de Wagram, d'Iéna, habituée à ne lire
de son histoire que les pages écrites en pierre sur ses arcs
de triomphe et en bronze sur ses colonnes, — a vu enfin
de près ce qu'était le maître qu'elle avait si bien servi.
Cette correspondance, livrée à ses méditations, lui a
montré le plus grand génie moderne faisant servir
toutes les forces vives de la patrie et l'obéissance qu'elle
lui avait vouée à assouvir le plus immense orgueil qui
fut jamais. Elle le lui a montré non content de reconstituer
à son profit le despotisme antique, mais devenant encore
le grand malfaiteur qui coalise contre lui l'Europe entière
et attire sur la France la honte de deux invasions qu'elle
n'avait jamais subie! — La légende! Cette correspondance
l'anéantit. Et comme pour confirmer la chose, la même
inspiration maladroite a fait, il y a deux ou trois ans,
changer la statue de la colonne Vendôme. Le Napoléon
qui s'y montrait en redingote grise ne rappelait que le
héros militaire; c'était le costume légendaire des batailles.
On y a voulu substituer le Dieu! Et le Napoléon en empereur antique ne rappelle plus que le César romain! La
France belliqueuse ne retrouve plus l'homme des grands
combats; elle n'y voit avec raison que l'effigie du despotisme, le maître dur, atteint de folie, qui l'a perdue!
— La légende finie, que reste-t-il?

A toutes les aspirations évanouies, à tous les besoins
trompés, à tous les intérêts sacrifiés de la France, que peut
répondre le pouvoir? Ici se place le problème de l'avenir,
que le pays doit poser comme une mise en demeure au
gouvernement qui l'a conduit. Bien souvent, comme le
sphynx de la fable, bien souvent déjà il a posé la question fatale : qu'avez-vous fait de la France? aux pouvoirs
infidèles qui ont frustré son attente; — et, comme le
sphynx, dans sa colère, il les a dévorés!

Nous ne faisons pas de vœux pareils. Tant qu'un moyen légal nous restera, nous l'emploierons. Mais nous résumant en quelques mots, nous pouvons dire : qu'est-ce l'Empire a produit jusqu'ici? Il avait à créer une France nouvelle : il n'a fait qu'user l'ancienne. Il avait à ménager ses ressources, il a fait du Grand-Livre une espèce de tonneau des Danaïdes que rien ne peut combler. Il avait à épargner son sang : il met sous les armes 1,200,000 hommes. Il avait à lui assurer la paix et son rang en Europe par une politique régulière et prudente ; il a ouvert devant elle tous les hasards et tous les dangers par le bouleversement du droit public. Il avait à réformer sa législation et à lui donner la liberté ; il a tout pris, tout régi à son gré et assuré son omnipotence par des lois draconiennes.

En face de lui pour le contrôler, pour le conseiller au besoin était le Corps Législatif. Qui a sanctionné toutes les déportations, voté toutes les lois répressives, approuvé toute cette politique, sinon cette majorité que nous appelons aujourd'hui à rendre compte de son mandat? Voilà son œuvre. Qu'elle en garde la responsabilité!

L'Empereur disait: « Mon gouvernement manque de contrôle. » Ce n'est donc pas un souhait factieux que celui de briser aux élections prochaines cette majorité usée et de combattre énergiquement le système des candidatures officielles qui l'a produite.

C'est là que nous devons porter nos efforts pour donner au gouvernement le vrai contrôle de la nation. « La liberté ne se donne pas, disait Tocqueville, elle se prend. » Nous ne la devons donc plus demander au pouvoir qui la jalouse; nous la devons chercher au scrutin, le seul et dernier moyen de l'obtenir.

Nos députés officiels, les conservateurs qui ont jusqu'ici voté pour eux et qui, sans approuver en tout la marche suivie, tremblent au seul mot de réforme ne veulent donc pas voir le funeste effet produit partout par la répression à outrance? Ils ne veulent donc pas voir le tort que font au gouvernement de leur choix les derniers procès de presse? Il y a peu de jours, nous lisions dans un article du *Pays*, journal de l'Empire : « Tirez sur nous, car nous tirons sur vous!.... Vous nous trouverez ardents et implacables et tout aussi prêts à nous servir du fusil que de la plume. » — Nous le demandons franchement ; la provocation vient-elle de cette opposition que l'on traite ainsi? — Quand s'ouvre un procès de presse, que se passe-t-il? D'un côté, le ministère public avec cette hautaine attitude qui ne cède rien, avec toutes les passions d'un pouvoir qui ne tolère aucune contradiction ; — de l'autre, les grands noms du barreau, les vétérans des vieilles luttes et les nouveaux venus qui attendent l'heure ; — tous apportent aux débats l'énergie de l'indépendance, un arriéré de dix-sept ans d'invectives et les rancunes des vengeances passées. Croit-on qu'il soit heureux pour le gouvernement de voir ainsi évoquer chaque jour les effrayantes leçons de l'histoire et le souvenir des représailles? Croit-on qu'à côté du tribunal qui condamne il n'y a pas un auditoire qui absout? Ceux que la poursuite fait plaindre, le jugement sévère qui les frappe ne les fait-il pas excuser? — Vous tous donc, conservateurs, qui aimez et soutenez le gouvernement, votre rôle n'est-il pas de l'éclairer, de l'arrêter sur cette pente mauvaise, de lui envoyer aux élections prochaines des hommes plus indépendants qui résistent à ses colères et lui évitent pareilles fautes?

À côté de ces députés de la majorité nous avons parlé

de l'opposition. Quelle a été son œuvre? Quel est son avenir? — Dans nos débats au Corps Législatif, pas un de ses amendements n'a réuni les suffrages, pas un de ses conseils n'a été écouté ; elle a échoué partout, et pourtant elle a grandi. Elle ne montre que des défaites et pourtant elle gagne tous les jours du terrain. Elle a donc derrière elle une partie de la France désabusée et moins disposée à décerner des couronnes. Elle a eu cette rare bonne fortune que chacun de ses échecs s'est changé pour elle en triomphes. Elle a protesté vainement pendant seize ans contre les proscriptions et les mesures arbitraires, et aujourd'hui la conscience publique mieux éclairée rend justice à son attitude. Elle a protesté vainement contre les emprunts, contre les impôts augmentés, contre les dépenses folles du pouvoir, et aujourd'hui les embarras financiers et le malaise de la France lui donnent raison. Elle a protesté contre les expéditions lointaines et contre le vote de confiance donné au gouvernement lors des affaires d'Allemagne ; elle en a prédit le résultat, et deux fois les événements ont confirmé ses prévisions, malheureusement, dirons-nous, car oubliant le camp où nous combattons, nous mettons au-dessus d'une satisfaction de parti l'intérêt et la grandeur de la patrie. Mais enfin le cours des choses a justifié ses prédictions aussi bien au Mexique qu'en Allemagne. Elle aussi a eu « ses angoisses patriotiques » ; mais elle ne les a pas témoignées comme M. Rouher en venant à la face du pays donner aux ambitions étrangères un satisfecit par trop résigné !

Qu'on l'accuse de passion, d'utopie, de violence, peu lui importe. Elle est résignée à toutes les accusations, car elle sent ce qu'elles valent. En fait de passion, elle n'a rien à prendre à son compte, pas plus les décrets confisquant les biens de la famille d'Orléans que les lois de sûreté générale. — En fait d'utopies, sa politique vaut bien celle qui a inventé la régénération du Mexique et la loi des grandes agglomérations! En fait de violence, elle n'a demandé aucune proscription; et si elle peut montrer des blessures, ce ne sont pas celles qu'elle a faites, mais celles qu'elle a reçues!

Il n'est pas difficile de soulever des questions; — le difficile est de les résoudre. L'Empire les a toutes posées; il n'en a résolu aucune. Ce n'est donc pas trop de toutes les forces de la France, de toutes les opinions indépendantes; de toutes les intelligences qui ne sont pas vouées à une obéissance passive, pour opérer dans notre politique intérieure et extérieure un changement radical. C'est entre cette majorité qui a tout approuvé, tout laissé faire — et cette opposition — que la France va se prononcer aux élections futures. De ces deux partis, lequel franchement faut-il accuser des fautes commises et de la situation présente? Est-ce l'opposition qui a doublé la dette, qui a voté les budgets de deux milliards, qui a rendu nécessaire une armée de douze cent mille hommes? — Nous n'avons pas ouï dire qu'elle ait jusqu'à ce jour suscité au gouvernement une émeute ou une conspiration. En fait de conspirations, nous n'en connaissons aujourd'hui qu'une seule, c'est celle des applaudissements, celle de l'approbation en tout et toujours! — Plus dangereuse que les autres, c'est par la route des triomphes qu'elle conduit les gouvernements à l'abîme; — elle les enivre par le succès; — elle engendre enfin pour eux une maladie mortelle, la maladie du bonheur! car le bonheur lui-même a ses périls. Il y a dans les jours trop sereins le danger de croire à leur éternelle durée, la molle torpeur du *far-niente* qui empêche de songer à

4

l'orage. Il y a aussi pour les gouvernements qui ne veulent pas de contradicteurs, le danger du *far-niente* politique, — le danger de se regarder comme infaillibles, — le danger enfin de se croire tout permis parce qu'on n'écoute aucune plainte ! Avait-il bien tort le vieux palatin de Posnanie qui s'écriait à la diète polonaise : « *Malo periculosam libertatem quàm quietum servitium?* »

Belley, le 25 mars 1860.

ABEL DALLEMAGNE.

Bourg, imprimerie Dufour.